AF339549

SAINTE TÉRÈSE DE JÉSUS

ET

LA MÈRE MARIE-TÉRÈSE

*Panégyrique prononcé le 15 octobre 1886, dans la chapelle
de l'Adoration Réparatrice*

PAR

M. l'abbé J.-B. VANEL

du Clergé de Paris

PARIS

F.-J. FÉCHOZ, LIBRAIRE-ÉDITEUR

5, rue des Saints-Pères, 5

1886

SAINTE TÉRÈSE DE JÉSUS

ET

LA MERE MARIE-TÉRÈSE

SAINTE TÉRÈSE DE JÉSUS

ET

LA MÈRE MARIE-TÉRÈSE

Panégyrique prononcé le 15 octobre 1886, dans la chapelle
de l'Adoration Réparatrice

PAR

M. l'abbé J.-B. VANEL

du Clergé de Paris

PARIS

F.-J. FÉCHOZ, LIBRAIRE-ÉDITEUR

5, rue des Saints-Pères, 5

1886

SAINTE TÉRÈSE DE JÉSUS

ET

LA MÈRE MARIE-TÉRÈSE

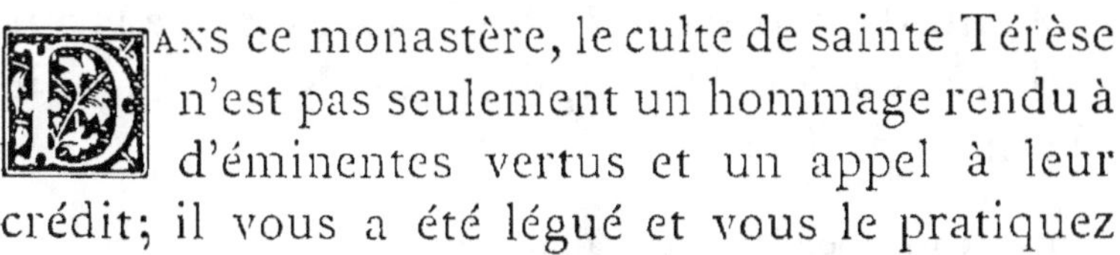

> Sunt duæ olivæ et duo candelabra in conspectu Domini terræ stantes.
>
> Elles s'élèvent comme deux oliviers, elles brillent comme deux candélabres, sous le regard du Seigneur de la terre.
>
> APOCALYPSE XI, 4. (1).

MES RÉVÉRENDES MÈRES,

DANS ce monastère, le culte de sainte Térèse n'est pas seulement un hommage rendu à d'éminentes vertus et un appel à leur crédit; il vous a été légué et vous le pratiquez

1. La biographie de sainte Térèse a été l'objet de travaux très nombreux, dont quelques-uns de vraie valeur, tant en France qu'en Espagne et en Angleterre, à commencer par la *Vie* de la Sainte *écrite par elle-même* et à finir avec le volume des Bollandistes qui a rouvert la série de leur publication Mgr Dupanloup est mort avec le regret de n'avoir pas composé la vie de cette chère Sainte : l'illustre évêque se serait réjoui, nous le pensons, s'il avait pu connaître les deux volumes publiés par une des filles de la Réformatrice — *Histoire de sainte Térèse*. — Paris et Nantes 1883.

On nous permettra de citer deux opuscules qui ont leur prix : l'un de notre excellent ami M. l'abbé James Condamin

comme une tradition de famille ; votre obéissance n'y est pas moins engagée que votre reconnaissance et votre piété.

Le Carmel a été le berceau de l'Adoration Réparatrice ; pendant quatre années, il lui a offert un toit pour naître et s'abriter, sa chapelle pour prier, des secours pour subsister, son esprit et ses exemples pour persévérer ; lorsque le rejeton nouveau fut assez fort pour être détaché de sa tige et que transplanté sur un sol indépendant, il devint à son tour un grand arbre, la sève primitive ne fut pas tarie : elle continua d'en soutenir la vigueur et d'en renouveler la fécondité.

La recommandation suprême de votre vénérable fondatrice a perpétué la mémoire de ces origines. « Je vous laisse un bien qui est inestimable, disait-elle sur son lit d'agonie, je vous lègue sainte Térèse de Jésus », et définissant elle-même l'œuvre qu'elle avait conçue au prix de tant d'angoisses et établie avec tant de larmes, elle lui voulait la simplicité de Nazareth unie à la mort du Carmel (1).

sur la correspondance de sainte Térèse, et l'autre, fort remarqué dans une récente controverse, d'un de nos professeurs de théologie, M. Ribet, auteur de la *Mystique divine*.

Pour la biographie de la Mère Marie-Térèse, tous les amis de l'Adoration ont lu et admiré l'ouvrage de Mgr d'Hulst, recteur de l'Institut catholique. Troisième édition. Poussielgue. — Paris 1883.

1. Voici d'autres paroles plus précises encore de la vénérée Fondatrice : « C'est dans le sein de sainte Térèse, ma bien aimée patronne, que vous avez été conçues ; vous êtes sorties d'elle ; c'est le feu de son cœur qui vous a animées, c'est la force et la douceur du lait de sa doctrine qui ont nourri votre enfance. » Et le passage entier. *Vie de la Mère Marie-Térèse*, par Mgr d'Hulst, p. 446.

Sainte Térèse est donc pour vous, mes Sœurs, comme une aïeule, car vous lui êtes redevables de votre mère; il vous serait cruel de les séparer dans cette fête, et il ne viendra à l'esprit de personne de vous reprocher d'unir la mémoire de la seconde aux honneurs dont vous entourez la sainteté déclarée de la première.

Dieu me garde d'offenser en rien votre modestie et l'histoire par des exagérations de langage ou d'appréciations déplacées; mais comment ne pas remarquer les rapports, les similitudes et les harmonies, qui, malgré la diversité des temps, des patries, des entreprises et des résultats, existent entre ces deux femmes de même lignée sinon de grandeur et de réputation égales.

Pour elles la nature et la grâce ont renouvelé les mêmes dons et des épreuves identiques; toutes deux esprits droits et solides, imaginations vives, caractères fortement trempés, cœurs ardents et magnanimes; toutes deux plus attristées des scandales du monde que troublées par ses pièges ou ses faveurs, amantes passionnées du Christ et de sa croix; toutes deux âmes profondément humaines et merveilleusement surnaturelles.

Tels deux chefs-d'œuvre, inspirés l'un par l'autre, que nous étudions et que nous comparons, en leur partageant notre plus vive admiration; alors même que nos préférences sont acquises au plus ancien, la valeur du dernier n'en est pas amoindrie, et sa beauté reste intacte et resplendissante. *Sunt duæ olivæ et duo candelabra, in conspectu Domini terræ stantes.*

C'est à ce parallèle que je souhaite consacrer ce discours et arrêter votre attention; j'essaierai d'en faire ressortir les côtés les plus saisissants et d'en dégager d'utiles et d'instructives conclusions.

Trois degrés semblent avoir successivement conduit sainte Térèse à l'union intime avec Notre-Seigneur Jésus-Christ, caractère dominant de sa perfection virginale et apostolique : elle a été docile à la grâce, forte dans l'épreuve, généreuse dans l'action.

L'amour divin qui l'inspire, la soutient et la pousse, commande en souverain et pour le satisfaire, elle se livre au triple martyre du renoncement, de la souffrance et du zèle.

Obéir, se mortifier, expier, voilà aussi le caractère de la Réparation et le devoir de la *Réparatrice.*

Essayons d'établir cette doctrine par les exemples et les maximes que vous ont transmis les deux mères de votre vocation religieuse.

Je n'oublierai pas toutefois ce que les règles sévères, posées par la sagesse de l'Eglise, imposent au prédicateur ; vos cœurs et vos souvenirs suppléeront à mon silence, et la louange, pour être discrète et conforme aux habitudes de la chaire chrétienne, n'en sera que plus sincère et mieux goûtée.

I

A CROIRE certains préjugés trop à la mode, à écouter les doléances intéressées de chrétiens pusillanimes, la sainteté n'est à la portée que du petit nombre; élite privilégiée, aristocratie fermée qui n'a d'autre peine que de jouir de faveurs aussi gratuites qu'abondantes et d'autre mérite qu'une prédestination assurée qui décide du salut.

En particulier, quand il s'agit de certains états extraordinaires, de communications qui sortent du commun, on crie au miracle et, par suite d'une observation superficielle, on est encore plus porté à considérer ces phénomènes mystiques comme les causes d'une perfection consommée, tandis qu'ils en sont tout au plus les indices ou la récompense.

Les visions et les extases ne suppléent pas à la pratique des commandements et des conseils évangéliques. *Le ciel souffre violence, le disciple du Christ doit se renoncer et porter sa croix,* ainsi que le Maître l'a dit (1) : le règne de Dieu

---

1. *Regnum cœlorum vim patitur et violenti rapiunt illud.* S. Math. xii, 2.

Si quis vult post me venire abneget semetipsum, tollat crucem suam et sequatur me. Saint Math. xvi, 24.

ne s'établit jamais que sur les ruines de la volonté humaine et notre sanctification commence par la déroute de l'amour-propre.

La grâce prévient la nature, l'éclaire et l'entraîne, mais la liberté suit ou résiste ; selon qu'elle est docile ou rebelle, l'âme s'élève ou descend, se justifie ou se corrompt, se sauve ou se damne, sans cesser d'être maîtresse d'elle-même, et toujours en définitive l'ouvrière de ses résolutions et de son sort.

L'histoire de la Réformatrice du Carmel nous en apporte des preuves saisissantes, et trois siècles après, la Mère Marie-Térèse l'expérimente à son tour. En suivant une voie sensiblement pareille, elle est appelée à passer par des renoncements non moins excessifs, par des immolations non moins violentes ; elle fournit, au sein des plus étonnantes communications célestes, une fidélité, une obéissance, une simplicité, une humilité de même genre, sinon au même degré.

Raconter de telles merveilles et peindre cette correspondance aux inspirations de l'Esprit-Saint et aux prévenances de Jésus, l'Epoux Bien-Aimé, est une tâche délicate et nous nous demandons après Bossuet, citant les Livres Saints, dans son panégyrique célèbre : « Mais qui pourra entendre ces choses ? *Quis sapiens et intelliget hæc ?* (1) »

Ne nous dérobons pas cependant aux obligations de notre sujet.

---

1. Osée XIV, 10. *Panégyrique de sainte Térèse.*

Née dans l'antique cité d'Avila, au début de ce xvie siècle qui agitera et troublera l'Europe par ses luttes religieuses et qui portera à leur comble la fortune et la gloire de l'Espagne, l'année même qui précéda l'avénement de Charles-Quint et la révolte de Luther, Térèse tenait de ses parents une noblesse renommée, de son pays une foi à toute épreuve, de son baptême une innocence qu'elle ne perdra plus.

Chez cette enfant trop tôt orpheline, la raison s'éveille avant l'heure, sous les coups de la douleur; mais la piété a été plus précoce encore. A sept ans le désir du martyre la saisit, elle quitte la maison paternelle pour s'en aller au loin, en Afrique, elle ne sait où, chercher des bourreaux et répandre son sang pour l'Evangile.

Réservée au martyre non sanglant de la vie religieuse, elle prépare et mûrit cette vocation, disposant son cœur et sa famille au détachement complet et prochain ; luttant contre les tendresses d'un père et se précautionnant contre les inclinations de facultés trop expansives, pour ne pas frémir à la pensée de s'enchaîner sous le joug de vœux irrévocables.

Ne cherchez pas, dans cette décision, ni fol entraînement, ni enthousiasme inconscient ; elle ne quitte pas le monde parce que le monde la dédaigne ou l'a trompée, elle ne s'ensevelit point au cloître, parce qu'elle envie la mystérieuse paix de ses profondeurs et de son silence. Sa conscience a entendu le *Veni, sequere me* du Maître ; elle

obéit non pas sans violence, mais sans regrets.
L'heure des grâces singulières n'a pas encore
sonné ; sa résolution ne lui vient pas de quelque
appel d'en haut clairement entendu ; elle ne lui
a pas été dictée dans une vision qui l'a trans-
portée hors de ses sens ; il n'y a ni suggestion
dominatrice, ni obsession cérébrale et irrésis-
tible ; sa raison pèse les motifs qui la déterminent,
sa main brise les liens qui la retiennent, sa volonté
est irrévocablement fixée, et là, comme l'affirme
son dernier biographe, « il n'y a qu'un modèle
à suivre au lieu d'un prodige à admirer. »

Toute la vie intérieure de la professe du monastère de l'Incarnation sera dirigée par les mêmes
principes : l'oubli de soi, l'humilité, la fidélité
dans les grandes comme dans les petites obser-
vances ne cesseront pas d'être ses vertus les plus
chères. Prenez sa vie ou ses livres : qu'enseigne-
t-elle par ses actions ? que conseille-t-elle dans
ses écrits ? La voie royale et simple de la soumis-
sion à Dieu, à l'Eglise, à la règle, aux supérieurs.

Ses progrès dans l'abnégation marquent ses
progrès dans l'amour, et elle ne se montre
jamais plus détachée d'elle-même qu'en redes-
cendant des sommets lumineux de l'extase, où
Jésus attire sa servante pour se révéler à elle,
tantôt dans les splendeurs de sa gloire, et tantôt
dans les humiliations de sa Passion.

Il serait téméraire à une bouche humaine de
raconter de telles merveilles. Comment suivre

le vol de cet ange du cloître, quand il s'élance et plane sur les cimes radieuses de la contemplation? que dire de ses ravissements remplis d'ineffables délices? En quels termes exprimer les enivrantes douceurs, les intimes épanchements d'une âme toute entière livrée au bon plaisir de l'Eternelle Sagesse et consumée en lui? Quels sons harmonieux ne rend-elle pas, vibrant comme une lyre sous les touches de l'Orphée divin! Emue des plus suaves transports, tantôt elle soupire comme une plaintive colombe, tantôt comme l'aigle elle fixe d'un œil tranquille le foyer de la lumière infinie; tantôt sa voix entonne des cantiques d'allégresse et de bénédiction et tantôt elle gémit doucement, se plaignant de son délicieux martyre et du tourment qui l'accroît et le prolonge. Ses ardeurs de plus en plus brûlantes dévorent la frêle enveloppe de la chair et la jettent dans de sublimes défaillances; le cœur à chaque instant est près de se rompre, elle meurt de ne pouvoir mourir, victime languissante de cette ivresse d'amour que saint Paul a si bien nommée *la Folie du Crucifié* (1).

---

1. I Corinth 1, 23. On connaît le cantique de sainte Térèse :

> D'une soudaine blessure
> Dieu m'a transpercé le cœur ;
> C'est un excès de bonheur
> Dans un excès de torture.
>
> Ma blessure est un mystère.
> Si j'en vis, comment mourir ?
> Si j'en meurs comment guérir
> Un mal que rien ne modère ?

Cité dans l'histoire de la Sainte. T. I, p. 208.

Qu'elle parle elle-même notre séraphique Bienheureuse et que ses immortels écrits, pour l'honneur de son nom et l'instruction .de l'Eglise, restent comme l'irrécusable témoignage des faveurs dont le Ciel l'a poursuivie.

Ce qui convient mieux à notre infirmité, nous vous le prêcherons et nous rappellerons que l'incomparable extatique n'adorait pas moins son virginal Epoux et ne le cherchait pas avec moins d'empressement dans les aridités et dans les tristesses qu'au sein des plus tendres effusions.

Aux transports les plus vifs succédaient les langueurs irritantes, aux colloques les plus intimes une froideur et une insensibilité dont rien ne triomphait. Le cœur demeurait plongé dans la sécheresse et la conscience dans le trouble, assaillie par des doutes étranges et en proie à de soudaines défiances. Le dégoût de la prière survenait après toutes ces tentations, l'oraison était une fatigue cruelle, l'adoration importunait et les communions semblaient repoussantes.

Les obscurités de notre misérable terre ne cesseront donc pas, ô mon Dieu, d'environner les plus purs de vos fils, et vos élus ici-bas sentiront toujours le poids de votre absence !

Un jour vint même où l'épreuve de Térèse dépassa tout ce qu'il est possible d'imaginer. Malgré sa franchise et son humilité, le directeur qu'elle s'était choisi, soit insuffisance de lumières, soit précipitation de jugement, soit enfin trop facile créance accordée aux accusations publiques, douta d'elle et attribua au démon l'œuvre de l'Esprit-Saint.

Chassez, lui dit-il, les apparitions, quand elles se renouvelleront; invoquez la lumière du Christ contre le prince des ténèbres; vous êtes une visionnaire trompée, désabusez-vous.

Térèse n'hésite pas, elle impose silence à sa foi, à ses désirs, au sens intime, elle ferme les yeux à l'évidence, et, lorsque Jésus se présente, elle le supplie de s'éloigner. Si vous n'êtes pas Jésus, ne m'abusez pas plus longtemps, et si vous êtes mon Bien-Aimé, retirez-vous encore, je suis indigne d'arrêter sur vous mes regards et ma tendresse.

« Ma fille, répondit le bon Maître, console-toi; tu fais bien d'obéir; » tant il est vrai que de tous les signes de la sincérité et de la force de notre amour, celui-là est le plus agréable à Dieu et le plus infaillible.

Le dernier effort de cette docilité, que nous louons sur tous les autres mérites, a été le vœu célèbre d'accomplir, en toute occasion, ce qui se présenterait de plus parfait. Jusques à la mort, pendant vingt-deux ans, l'héroïque carmélite en subit les rudes exigences.

Cet engagement de sublime audace et d'absolue abnégation, la Mère Marie-Térèse l'a renouvelé, et comme pour son illustre devancière, il fut l'holocauste d'une volonté irrévocablement détachée d'elle-même et victorieuse des plus intolérables épreuves.

Dieu, dont les libéralités sont inépuisables et qui ne cesse pas d'être admirable dans ses saints, avait renouvelé pour cette enfant de Paris et du xixe siècle quelques-uns des prodiges qui portent si haut la renommée de la vierge espagnole.

Je ne les comparerai néanmoins ni par le nombre de leurs visions, ni par l'abondance des lumières célestes dont elles sont inondées, ni par l'éclat de leurs révélations ou la béatitude de leurs ravissements. Si votre fondatrice est une parfaite image du modèle qu'elle se proposa de reproduire, si sur son front transfiguré, nous apercevons quelques rayons de l'auréole térésienne, cette gloire est le fruit laborieux de l'obéissance et du renoncement.

Dans l'apparition de la *Sainte Face*, d'où est sortie la grande œuvre de la réparation, après avoir contemplé le visage du Sauveur, tel qu'elle essaiera de le retrouver sous son pinceau, les yeux voilés de tristesse et de sang et la bouche meurtrie, après avoir entendu ces paroles : *Tu es ma bien-aimée, je t'ai choisie; ces deux gouttes de sang de ma bouche, je te les donne pour les pécheurs;* quel sentiment la domine? quelle est la plus sensible et la plus persévérante de ses impressions? Dieu, est-elle convaincue, lui demande quelque chose, elle ignore quoi, mais elle est prête à l'accomplir.

La vocation réparatrice, mes Sœurs, naît de

cette disposition et de cet attrait; poursuivant partout les désordres du péché, engendré par l'orgueil et la révolte, elle commence par affranchir le cœur de toute attache à lui-même, et ensuite elle offre comme dédommagement à la Majesté divine outragée, ses sacrifices, ses prières et ses souffrances. Vos deux mères restent d'accord pour vous en persuader.

II

Pourquoi la souffrance est-elle le lot en particulier des bons serviteurs de Dieu? Pourquoi s'abat-elle sur eux, comme sur des proies préférées? Leur intégrité, loin de les couvrir, les désigne à des blessures plus inguérissables et à des coups plus meurtriers. Ainsi des métaux précieux, plus ils sont exempts d'alliage et plus l'acide corrosif les entame et les ronge.

David, avant son péché, en exprimait son étonnement et ses plaintes. « *Anima mea turbata est valde, sed tu, Domine, usquequo?... Laboravi in gemitu meo; lavabo per singulas noctes lectum meum, lacrymis meis stratum meum rigabo.* Mon âme est déchirée, mais vous, Seigneur, quand viendrez-vous à mon aide? Je souffre dans l'angoisse; chaque nuit mon lit est arrosé de larmes, ma couche en est inondée (1). »

---

1. Ps. VI, v. 4 et 7. — En beaucoup d'autres psaumes, David exprime les mêmes sentiments, en particulier dans tout le Ps. x. *Ut quid, Domine, recessisti longe, despicis in opportunitatibus, in tribulatione.*

Dum superbit impius, incenditur pauper, quoniam laudatur peccator in desideriis animæ suæ et iniquus benedicetur.

Le spectacle de la prospérité des méchants et des accablements des justes troublait souvent les méditations du saint roi. C'est toujours un des côtés les plus obscurs du problème du mal ici-bas. Mais comment l'éclaircir sans les données de la foi, sans la croyance à une autre vie?

Mais, sous le fouet de ses remords, le royal pénitent comprit mieux le rôle des afflictions et leur mérite caché. *Bonum mihi, Domine, quoniam humiliasti me, ut discam justificationes tuas* (1).

Il y a donc dans l'épreuve une réelle vertu d'expiation; il s'y trouve la compensation nécessaire à nos égarements, elle venge les droits méconnus du Créateur, elle rétablit l'ordre bouleversé et par des peines minimes, elle nous soustrait à des châtiments terribles autant qu'inévitables.

Les meilleurs, les plus prédestinés, n'échappent pas au sort commun, et tirés avec leurs frères d'un limon empesté, ils paient leur dette à la justice, afin de mieux compter sur la miséricorde.

Mais d'autres causes ouvrent en eux la source à des tristesses que les mondains ignorent et à des inquiétudes qui ne cessent de les travailler.

Ecoutez plutôt les plaintes et les gémissements de l'apôtre saint Paul : « *Infelix ego homo ! quis me liberabit de corpore mortis hujus?* » Malheureux homme que je suis ! qui me délivrera de ce corps de mort? (2)

Prêtez l'oreille aux appels et aux sanglots des François d'Assise et des François Xavier, des Catherine de Sienne et des Jeanne de Chantal, de tant de saints tourmentés de cette divine

---

1. Ps. xcviii, v. 71.
2. Rom. vii. 24.

maladie de l'amour, qui prend en eux chaque jour des accroissements nouveaux.

Souvenez-vous de la maxime familière à Térèse : AUT PATI AUT MORI, ou la souffrance ou la mort.

Entendez comment celle que j'appellerai sa fille, par ressemblance autant que par adoption, traduisait cette devise, en la faisant sienne : « Mon Dieu, que de larmes il faut verser pour vous aimer (1). »

Et alors vous aurez quelque soupçon des combats, des violences, des emportements de la charité qui les presse.

D'où leur vient donc cet ennui de la vie, plus insupportable même que l'amas des maux et des peines dont elle est pleine ?

Bossuet, non moins au courant de la science des mystiques que versé dans la grande tradition catholique, voit dans ce mystère le moyen secret par lequel l'Esprit-Saint purifie les cœurs en les embrasant. Voici ce qu'il dit dans son magnifique langage : « Cet Esprit allume dans les âmes un feu qui les rend tous les jours plus pures ; il fait naître de saints désirs et il se plaît de les enflammer, en différant de les satisfaire. Si la violence de ces désirs ne peut rompre les liens du corps, ils en éteignent tous les sentiments, ils en mortifient tous les appétits. L'âme ne vit plus pour la chair, et enfin elle devient et plus libre et plus

---

1. La Mère Marie-Térèse écrivait encore : « Je comprends dans ce moment qu'il faut souffrir ou mourir, car si l'on ne souffrait pas la vie serait à charge. »

dégagée par cette perpétuelle agitation, comme
un oiseau qui, battant des ailes, secoue l'humi-
dité qui les rend pesantes ou dissipe le froid qui
les engourdit (1). »

Atteints au dehors par la loi de la souffrance
universelle, victimes au dedans d'un supplice
plus intolérable, *foris pugnæ, intus timores*, selon
le mot de l'épître aux Corinthiens, les vrais dis-
ciples de la Croix se réjouissent de cette ressemblance avec leur Sauveur, et telle est la dernière
raison qui explique des inclinations si étranges
et si contraires à l'esprit du monde.

La mort seule aurait paru trop douce à Jésus,
il l'a prise entourée d'ignominie et de scandale,
de dérision et de tortures inouïes, comme s'il
ne pouvait assez se rassasier par la volupté de la
patience (2). Il a été vraiment, ainsi que le pro-
phétisait Isaïe, l'homme de douleurs ; des pieds à
la tête, c'est une plaie vive. Mais sous la pourpre
de son sang, versé jusqu'à la dernière goutte,
le Fils de Dieu se donne des épouses, comme
Térèse, comme la pieuse Théodelinde ; pour le
suivre, elles ont tout quitté, pour lui appartenir,
elles ont tout sacrifié, pour l'aimer uniquement,
elles s'immolent elles-mêmes, et en attendant de
l'adorer, assis à la droite de son Père, elles tres-
saillent et elles pleurent, en l'embrassant cloué
à son échafaud.

1. Bossuet. *Panégyrique de sainte Thérèse.* — 2ᵉ partie, *ad
finem.*
2. Le mot est de Tertullien : « *Saginari voluptate patientiæ
volebat.* »

Chrétiens, quelle leçon pour notre indifférence et notre délicatesse ! à juger la tiédeur de notre pénitence et la rareté de nos mortifications, ne croirait-on pas que nous n'avons jamais péché ? Nos murmures incessants sont-ils loin de ressembler au refus d'approcher de nos lèvres le calice que le Rédempteur nous invite à boire en sa compagnie ?

Il serait après cela superflu d'exposer en détail les tribulations que nos deux héroïnes ont traversées ; elles ont souffert autant qu'elles ont aimé, les maux endurés n'ont été égalés que par leur patience ; ils n'ont été surpassés que par leur désir de les voir augmenter encore.

Maladies aigües et fréquentes, humiliations et angoisses de la pauvreté, travaux perpétuels, jeûnes et veilles qui exténuent, cilices qui déchirent, contradictions des gens de bien, amitiés trahies, calomnies accréditées, oppositions et blâmes des supérieurs, meurtrissures intimes, vicissitudes intérieures, tentations, que sais-je encore ? Pas une épine ne manque à leur couronne ; on se demande comment des yeux de femme peuvent contenir tant de larmes et un cœur être abreuvé de telles amertumes.

L'une et l'autre recevront et porteront au dehors les stigmates de leur martyre ; pour Térèse de Jésus ce sera un miracle, pour la Fondatrice de l'Adoration un accident, mais pour toutes deux le surcroît de l'épreuve et ce je ne sais quoi d'achevé qui met le sceau à la perfection.

Est-ce une vision? Est-ce une réalité que la Sainte nous raconte ? « Mais à plusieurs reprises, dit-elle, un chérubin au visage enflammé s'approcha de moi. Je lui voyais entre les mains un long dard qui était d'or et dont la pointe, à son extrémité, semblait de feu. De temps en temps l'ange le plongeait à travers de mon cœur, et, en le retirant, il me laissait toute embrasée de l'amour de Dieu. »

Et aujourd'hui encore, le pèlerin d'Avila contemple ce cœur, tout poudre qu'il est, avec la cicatrice longue et profonde qui l'a divisé.

La Mère Marie-Térèse fut frappée d'une façon tout humaine en apparence, mais tellement significative, que ce baptême de feu, comme elle l'appelait, lui parut immédiatement sa dernière préparation à l'éternité. Le 8 novembre 1855 au soir, un incendie dévorait la chapelle, l'autel en était le foyer ; la supérieure, sans calculer avec le danger, pénètre dans le sanctuaire et risque sa vie pour sauver les saintes espèces. Mais la fumée l'aveugle, la chaleur l'étouffe, les flammes l'environnent, elle tombe asphyxiée ; quant au bout de quelques heures on la retrouva, elle était sans connaissance et affreusement défigurée ; elle revint à la vie, mais ses brûlures étaient cuisantes et ses plaies horribles ; elles lui restèrent, cicatrices du martyre de cette première des réparatrices.

Dans les cellules de ce couvent, comme derrière les grilles du Carmel, ces traditions sont vivantes et ces souvenirs sont féconds. Les exemples parlent assez haut; qu'on nous pardonne cependant d'en citer un dernier, trop gracieux pour être passé sous silence.

« Ma Mère, demandait un jour à la Réformatrice une jeune religieuse, ma Mère, je voudrais être une sainte, dites-moi comment m'y prendre.» — « Ma fille, lui répondit Térèse, nous partirons bientôt en fondation, vous m'accompagnerez et je vous l'apprendrai. » La semaine suivante elles partirent et plusieurs mois se passèrent dans les fatigues, l'isolement, les tribulations. La pauvre sœur patienta d'abord silencieusement, puis se plaignit doucement à sa prieure. « Ma fille, ne m'avez-vous pas demandé à vous enseigner comment on devient une sainte ? lui dit Térèse, ma fille, voilà toute la façon : les peines endurées pour l'amour de Dieu sont le chemin de la sainteté (1). »

Telle est donc la conduite des parfaits, telles leurs maximes : Souffrir pour se sanctifier, se sanctifier et souffrir pour mieux expier. Illusoire tout amour qui n'est pas crucifié! Arrière les croix qui ne sont pas ensanglantées !

1. *Histoire de sainte Térèse.* Chap. 31, t. II.

III

SUIS-JE parvenu, mes Sœurs, selon mes désirs et votre discrète attente, à faire passer sous vos regards quelque chose de la beauté intérieure de la sainte Institutrice du Carmel réformé? Et malgré une trop imparfaite ébauche, aurez-vous reconnu dans votre propre Fondatrice, le reflet de ses vertus, de ses clartés, de sa vigueur, comme dans la transparence d'une eau limpide étincelle l'image du soleil qui l'échauffe?

J'achèverai le parallèle, en comparant dans leurs œuvres ces épouses de Jésus-Christ et en les associant dans le martyre de leur zèle laborieux et fécond. L'amour qui les consume rayonne au dehors et comme le feu apporté par Notre-Seigneur sur la terre, il veut l'embraser (1). Mais il ne se répand qu'en brisant le vase où il est contenu et l'odeur de la myrrhe des sacrifices continue à se mêler aux parfums plus doux de la charité; l'immolation, commencée par la volonté, dans une complète dépendance de la grâce, poursuivie sous les coups de la flèche angélique de la *Transverbération* ou sous

---

1. *Ignem veni mittere in terram et quid volo nisi ut accendatur?* Saint Luc, XII. 49.

les brûlures et l'asphyxie, trouve dans l'activité extérieure ses derniers tourments et sa première récompense.

Les historiens sont unanimes à reconnaître dans Térèse, dès ses commencements, un esprit préoccupé de rendre à Dieu toute la gloire qui lui appartient, d'étendre son règne, d'assurer le respect de ses droits, de confondre et de convertir ses ennemis : cette vierge possédait une âme d'apôtre.

Du fond de sa solitude, elle assiste à la lutte des deux cités, décrite par saint Augustin, dans le plus fameux de ses traités (1); le mal est plus que jamais audacieux, le bien contredit et rare; les croyances sont en péril, les institutions les plus sacrées en décadence; attaqué au dedans par la faiblesse de ses chefs et les fautes de ses enfants, au dehors par une hérésie nouvelle que des rois protègent et que des nations entières embrassent, le catholicisme paraît pencher vers sa ruine. Le danger ne sera conjuré qu'en faisant violence au ciel et en réveillant, à force de supplications, le Christ endormi dans la barque, afin qu'il apaise les fureurs de cette épouvantable tempête, que lui seul peut dominer.

La généreuse Carmélite y mettra toute son ardeur. Elle prie, elle jeûne, elle prolonge ses adorations et ses veilles, elle multiplie ses abstinences et ses macérations, elle offre ses pleurs,

---

1. *De civitate Dei.*

ses souffrances, sa vie. « Aidez-moi, ô mes Sœurs, a-t-elle coutume de répéter, aidez-moi donc à prier pour tant de pécheurs qui se perdent. C'est pour cette fin que le Seigneur vous a réunies ici, c'est là votre vocation, ce sont là vos affaires, là doivent tendre tous vos désirs. Eh quoi! le monde est en feu et nous perdrions notre temps (1). »

Elle s'applique, dès son entrée à l'Incarnation d'Avila, autant que la règle l'autorise, à instruire les ignorants, à réveiller les tièdes, à convertir les méchants, à inspirer d'énergiques résolutions, à provoquer des vocations, à préparer le renouvellement de l'esprit sacerdotal. Premiers et difficiles essais, noviciat véritable et méritoire, qui prépare au Carmel sa courageuse Réformatrice, et à l'Eglise une de ses institutions les plus belles et les plus évangéliques.

L'heure était solennelle et les circonstances décisives.

Le protestantisme, cette première insurrection de l'esprit moderne contre l'autorité divine, poursuivait ses ravages et ses prêches, enlevant au *Credo* ses dogmes les plus consolateurs, au tabernacle son Hôte divin, au culte sa poésie, au sacerdoce sa couronne, au pécheur le pardon, au juste l'espérance. Sous le prétexte hypocrite de revenir au christianisme primitif, couvert du nom plus mensonger encore que prétentieux de

1. *Histoire de sainte Thérèse,* ch. xvi. t. I, p. 345.

Réforme, il avait détaché de l'unité romaine le tiers de l'Europe, et là où il n'avait pas triomphé des vieilles croyances, il laissait derrière lui la défiance et la désunion. Les excommunications du Vatican n'avaient pas effrayé les novateurs ; les diètes dans le Saint-Empire, les colloques en France ne les ramènent pas davantage ; la défaite de leurs soldats sur les champs de bataille n'arrête pas leur propagande, ils ne tremblent pas plus devant l'épée de Charles-Quint ou les proscriptions de Philippe II que sous les anathèmes du Pape ; le concile de Trente éclaire et définit les dogmes niés, sans convaincre ceux qui les rejettent ; la politique, par ses avances d'abord, par ses exécutions ensuite, achève de perdre ce qu'elle s'imagine rétablir ou sauver ; tout est en proie à l'esprit de révolte et de discussion ; on a tourné contre la religion l'ambition et la volupté des princes, l'orgueil et l'humeur des grands, l'érudition des lettrés, l'honnêteté de la bourgeoisie, les misères du paysan, et les passions du peuple entier qui court, dès qu'on lui nomme la liberté, ou qu'il en aperçoit l'ombre.

Une intervention providentielle est nécessaire ; elle apparaîtra.

Jésus-Christ peut bien supporter contre son Epouse les accusations du prétoire, les risées des cours, les blasphèmes de la multitude, les menaces de la rue ; mais les applaudissements, soulevés par le verdict d'un Pilate de rencontre, retentissent encore, que déjà la condamnation est

rapportée et son exécution manifestement impos-
sible.

Le Fils de Dieu est mort pour que son Eglise
soit immortelle.

Au xvie siècle, quels que soient le crédit et le
succès de ses adversaires, quelles que soient
leurs espérances plus criminelles encore, elle
sera sauvée par la science de ses apologistes, la
charité de ses évêques, la pureté de ses vierges.
Comme une mère en appelle à ses fils de son
honneur calomnié, elle montrera ses saints pour
confondre ses blasphémateurs. Quel noble et
imposant cortège, avec des papes comme Pie V,
des pontifes tels que Charles de Borromée et
François de Sales, des prêtres comme Ignace de
Loyola, des mystiques et des pénitents comme
Pierre d'Alcantara et Jean de la Croix, des
grands seigneurs comme François de Borgia,
des théologiens comme Lefebvre et Canisius,
des religieuses comme Térèse et ses compagnes,
qui ramènent au cloître la pureté des Anges, le
silence des Thébaïdes et l'obéissance des anciens
jours.

La Réforme, la voilà accomplie par les forces
vives d'une foi et d'un zèle incomparables!
Hérétiques d'Allemagne ou d'Angleterre, calvi-
nistes français et genevois ne savent qu'arracher
à leur monastère et à leurs vœux des filles sacrilèges, pour les faire asseoir dans la honte d'un
foyer domestique deux fois souillé, mais Térèse
bâtit plus de couvents qu'ils n'en dépeuplent

et pour quelques branches mortes, emportées par le vent, l'arbre monastique reverdit et se pare de fleurs exquises, comme le verger aux tièdes souffles du printemps.

Les fondations se multiplient; les religieux suivent l'exemple de leurs sœurs et passent à une discipline sans mitigation; en moins de vingt ans, trente couvents sont bâtis; postulants et postulantes affluent et la plupart des villes d'Espagne réclament le privilège de les posséder et de les nourrir. Ainsi que des essaims d'industrieuses abeilles, cette nouvelle postérité du patriarche Elie se disperse, à mesure qu'elle augmente et forme partout des ruches pour y composer le miel de la plus suave dévotion.

L'institution franchira les Pyrénées et les siècles : lorsque Térèse se mourait plutôt d'amour que par la défaillance de la nature (1) sous la fenêtre de sa cellule, un oranger se para tout à coup d'une branche fleurie; gracieuse prophétie, vingt années ne s'étaient pas écoulées, que le pieux de Bérulle, dont la mémoire sera toujours en honneur dans le clergé de France, amenait à Paris une colonie de carmélites espagnoles et les établissait à quelques pas d'ici au faubourg Saint-Jacques (2). Le souvenir de Térèse et l'influence de ses filles se trouveront activement mêlés au mouvement religieux de

---

1. *Intolerabili divini amoris incendio.* Brev. Rom.
2. Cf. L'abbé Houssaye : *M. de Bérulle et les Carmélites de France.* 1575-1611. Paris, Plon 1872.

tout notre xviie siècle ; ce premier monastère, nommé comme celui d'Avila, le monastère de l'Incarnation et baptisé depuis par la voix publique, sous le titre des *Grandes Carmélites*, enfermera les plus hautes vertus et les plus audacieuses pénitences ; il cachera les extases de la Mère Madeleine de Saint-Joseph et sera tout embaumé par l'humilité d'une sœur à voile blanc, dans le siècle Madame Acarie, dans le ciel et dans l'histoire, la bienheureuse Marie de l'Incarnation. Là on entendra fréquemment l'éloquence de Bossuet, là on verra couler les larmes des deux reines, la mère et l'épouse de Louis XIV, estimant le voile sombre moins lourd que leur couronne ; là toutes les grandeurs et toutes les illustrations de cette époque, qui applaudit Corneille, gagna Rocroy et Fleurus, construisit Versailles, viendront apprendre le néant et la vanité de ce monde qui passe ; elles s'instruiront à mettre entre le plaisir et la mort, entre leurs égarements et l'éternité, le temps de la réflexion et les compensations de la pénitence.

Nous lisons dans l'Écriture-Sainte qu'Elie, emporté, dans les hauteurs des cieux, sur un char de feu, rejeta son manteau ; Elisée le recueillit et s'en revêtit, et en l'apercevant à Jéricho, les écoliers des prophètes se disaient entre eux : L'esprit d'Elie s'est reposé sur Elisée : *Requievit spiritus Eliæ super Elisæum* (1).

---

1. IV Reg. ii, 15.

Nous serait-il interdit de nous approprier cette parole ? l'Adoration n'a-t-elle pas été, comme le Carmel, inspirée par le même souffle apostolique ? Lorsque Théodelinde, pendant une de ses oraisons, obtint la faveur de porter, sur ses vêtements séculiers, le manteau de sa sainte maîtresse, l'esprit de Térèse, mieux encore que cette relique sacrée, ne l'a-t-il pas couverte ? N'en fût-elle pas toute enveloppée ? *Requievit spiritus Eliæ super Elisæum.*

La Réparation est œuvre de zèle par excellence autant que de foi et de charité. Elle se propose de combattre la violence et le scandale du mal par l'excès et l'enthousiasme du bien ; elle offre à la Majesté infinie un dédommagement qui lui agrée, opposant aux blasphèmes et aux négations la ferveur de prières incessantes, aux profanations sacrilèges la protestation d'hommages solennels, aux clameurs de la terre les cantiques du sanctuaire, le silence et les veilles au bruit étourdissant des fêtes et des plaisirs malsains. En implorant pitié pour les coupables, elle prend en main la cause de l'Outragé, plus sensible au mépris des perfections divines qu'à la vengeance qui en sera tirée. L'atteinte portée aux droits du Créateur est en effet plus odieuse que le désordre moral de l'impie et il convient avant tout de porter jusqu'au trône même de la Bonté offensée nos tristesses, notre confusion et nos doléances.

Et afin qu'elles ne soient pas repoussées, afin

que la satisfaction prenne plus de valeur, c'est
par Jésus, exposé dans son Sacrement, qu'elles
seront transmises à son Père ; c'est au nom de
ses souffrances que nous solliciterons, par ses
plaies que nous expierons, par sa bouche que
nous parlerons, par son sang que nous récla-
merons, par son cœur que nous aurons accès,
Médiateur unique et souverain, à l'autel comme
au ciel, vivant et intercédant perpétuellement
pour nous. « *Protector noster aspice Deus : et
respice in faciem Christi tui* (1). »

Et s'il est vrai que le cachet des créations
providentielles soit de répondre à des nécessités
urgentes et à un besoin nouveau de la société
chrétienne, tout ici concourt à entraîner nos
sympathies et à provoquer notre adhésion. Ce
que l'hérésie protestante avait commencé, les
encyclopédistes du siècle dernier l'ont poursuivi
et le matérialisme contemporain le termine.
On ne se contente plus de contredire l'autorité
divine, c'est l'existence même de Dieu qui est
révoquée en doute ; non seulement on conteste
la présence réelle de Jésus-Christ dans l'Eucha-
ristie, mais on traite sa divinité de mensongère
idéalisation et son histoire de fabuleuse légende ;
contre l'Eglise et sa puissance, on ne lance plus
que des pamphlets et des *Propos de table,* on a
des menaces et des proscriptions. Les mœurs
sont encore au-dessous des idées et l'apologie des

----

1. Psal. LXXXIII, 10.

opinions les plus radicales amène le règne des plus cyniques passions et l'explosion de turpitudes innommables. Jeter une digue contre la marée boueuse et montante, c'est élever un rempart de salut social.

Seuls, les saints ont de ces prévisions, qui seraient des conceptions de génie, si elles n'étaient les inspirations d'une grâce plus élevée encore.

L'heure où fut inaugurée la première adoration réparatrice l'indique assez. Les associés se groupaient autour de Théodelinde et au pied de l'ostensoir, exposé dans la chapelle de la rue d'Enfer, lorsque se préparaient les sinistres journées de juin 1848. Le canon de la guerre civile tonnait dans les faubourgs, l'émeute, maîtresse de Paris et souillée par le meurtre de son archevêque, apprenait ce que devient un peuple sans Dieu et sans pain : elle laisse derrière elle plus de crimes à expier que de cadavres à ensevelir et de ruines à restaurer.

Il me semble que depuis, nous n'avons été ni plus sages, ni plus en sécurité.

Poursuivez donc, mes Sœurs, votre mission de paix et de zèle ; comme le sacerdoce de l'Ancienne Loi, faites entendre vos gémissements entre le vestibule et l'autel, ou plutôt portez-les à la Victime immolée du Tabernacle et qu'ils ne cessent d'accompagner son perpétuel holocauste Répandez au dehors cette flamme sacrée et que vos associés croissent en nombre et en ferveur.

Votre illustre patronne, Térèse de Jésus, vous le prêche et couchée dans la tombe, que votre amour lui a préparée et qui fait de sa dépouille comme le piédestal du trône eucharistique (1), votre sainte Mère vous conjure d'être fidèles à votre vocation et à sa mémoire. Acceptez de l'une et de l'autre cette prière qui leur était familière, formule complète de l'Adoration Réparatrice : « Mon Dieu, ayez pitié de ceux qui n'ont pas pitié d'eux-mêmes. Faites resplendir votre miséricorde, je vous le demande pour ceux qui refusent de vous le demander, ne regardez pas notre aveuglement, voyez plutôt le sang que votre divin Fils a répandu pour nous (2). »

Un dernier vœu mettra fin à tout ce discours et je l'emprunte à l'histoire de la Fondatrice.

Pendant la sainte messe, la Mère Marie-Térèse eût un jour une réconfortante vision ; elle crut entendre la voix de sa chère Sainte qui l'appelait pour la couvrir de son manteau ; en même temps elle aperçut auprès d'elle Marie Immaculée qui l'enveloppait également du sien. *Requievit spiritus Eliæ super Elisæum.* Puissiez-vous, mes Sœurs, jouir longtemps de cette double protection ; elle est votre honneur, elle serait au besoin votre défense, tant que vous ne cesserez pas

---

1. Une crypte ménagée dans les fondations de la chapelle et sous le maître-autel a reçu le corps de la Mère Marie-Térèse qui y fut transporté le 26 février 1864.
2. *Vie de sainte Thérèse* t. II, ch. 31, p. 374.

d'unir à la mort du Carmel la vie simple et ordinaire de Nazareth. Ce sera gravir, dans l'humilité, les hauteurs de la perfection, pour passer dans la gloire, aux sommets éternels.

Ainsi soit-il.

Dijon. — Imp. Damongeot et C⁰, rue St-Philibert, 40.

DU MÊME AUTEUR

Histoire du Couvent des Minimes de Lyon, d'après les documents originaux, par l'abbé J.-B. VANEL, licencié ès-lettres. — Lyon, Briday, éditeur, 1879, un vol. in-8°, pp. ix-373.

Les Comités catholiques et le Comité départemental de la Loire. — Saint-Etienne. imp. Forestier, 1877.

La Cloche du Patronage. — Discours prononcé pour la bénédiction de la cloche du patronage du Treuil, le 11 novembre 1877. — St-Etienne. imp. Forestier, 1877.

Le Protectorat de Sainte-Blandine. In-8°, Lyon, imp. Albert.

L'Eglise et les Classes ouvrières. — Sermon prêché à la Primatiale de Saint-Jean, pour la fête de l'Union des Œuvres ouvrières. — Lyon, imprimerie catholique, 1879.

Eloge funèbre de M. l'abbé Célestin Monnier, curé de Sainte-Blandine. — St-Etienne, J. Ménard, 1881.

Les Débuts oratoires de Massillon, d'après des documents inédits. — Lyon, Mougin-Rusaud, 1886.

SOUS PRESSE

Un Forézien digne de mémoire. Louis JACQUEMIN, prêtre, poète et historien de Saint-Genest-Malifaux.

Dijon. — Imp. Damongeot et Cie